ユニバーサルホッケー
― 万人が楽しめる男女混成のスポーツ ―

斉 藤 定 雄 著

不昧堂出版

推薦のことば

　ユニバーサルホッケーは「いつでも・何処でも・誰でもそしていつまでも」楽しめるレクリエーションスポーツとして、1985年順天堂大学名誉教授・斉藤定雄先生により考案されました。

　このスポーツは『絆づくり・子供づくり（子供の健全育成）・健康づくり』に楽しみながら効能を発揮するスポーツであります。

　今般新たに斉藤先生より、指導者としての心構え・プレーヤーとしての留意点をまとめた指導書を発刊いただくことになり大変ありがたく感じております。この指導書の内容を各人が良く吟味理解し実践していただくよう、そしてユニバーサルホッケー愛好者の交流、指導者としての資質向上に必ず役立つものと期待し、関係者の入門書・必読書として強くご推薦申し上げます。

平成 29 年 11 月 5 日

　　　　　　　　　　　日本ユニバーサルホッケー連盟
　　　　　　　　　　　　　会長　　山　田　武　史

まえがき

　スティックを用いてボールを打つスポーツは、ゴルフを代表としてホッケー型式の各種のスポーツがある。18世紀にはイギリスでバンディ（Bandy）という氷上のスポーツが行われ、国際的な組織も生まれて活動していた。

　このバンディというスポーツはアイスホッケーの前身と言われるが、アイスホッケーを室内で行えるように簡易に工夫した、プラスティック製のスティックやボールを用いた少人数の室内軽スポーツが、戦後、欧州では盛んに行われていた。

　筆者は、当時西ドイツのマインツ大学に留学し、このドイツ名ユニホッキー、スイスではユニホッケー、スウェーデンではインネバンディと呼ぶニュースポーツを経験して、1977年に帰国した。この頃、日本も国民皆スポーツの時代を迎えてニュースポーツが各地で考案されていた。

　筆者が勤める大学では、大学を市民に開放して市民スポーツ指導者養成講座を企画した。この講座は、市と大学との契約で実施され、1979年と1980年の2か年に渡って行われ、大学の総力を挙げてスポーツの医学的理論からスポーツ方法学理論、そして20種以上のスポーツ実習を行った。この中にニュースポーツとしてカリキュラムにユニバーサルホッケーを導入した。

この際、日本製のオレンジとグリーンのスティックとイエローボール共にプラスティック製と日本式ルールを考案して、このスティックをユニバンディ（Unibandy）と名づけ1986年より一般に発売し全国的な普及を開始した。

　このスポーツは、「より速く、より高く、より強く」という飛躍への弛まざるエリートを目指すスポーツに対して、より安全に気楽に健康を維持できる運動生活を実現しようとする、いわば、老いも若きも子供たちも、ハンディキャップの人たちも万人が、完全で楽しく生活できることを目指すノーマライゼーション（Normalization）を期待して考案されている。この理念が理解されて一時は全国的な普及を見た。

　以後、30年余を経て少子高齢化を迎えた今日、日本ユニバーサルホッケー連盟からの要望もあって、この度、全国のユニバーサルホッケーの愛好者の拠り所としての参考書として出版することとした。ユニバーサルホッケーを楽しんで頂く方々や指導にあたっておられる方々の座右の書として利用して頂ければ幸いである。

　出版にあたっては、日本ユニバーサルホッケー連盟会長の山田武史氏の応援、ユニバーサルホッケー上級指導員の大石祐也氏には公式ルールの整理をして頂いた。同じく佐野泰正氏には、連盟のホームページを展開して頂いている。

　また出版に当たっては、不昧堂出版の水谷安見氏のご教示を頂いてこの書が完成したことに、併せて感謝を申し上げたい。

イラストに千葉県レクリエーション協会の水上道子常任理事のご協力を頂いたことを付記する。

　2017 年 10 月 13 日

斉　藤　定　雄

〇 目　　次 〇

推薦のことば………………………………山田　武史… i

まえがき……………………………………………………… iii

序文…………………………………………………………… x

第❶章　ユニバーサルホッケーは万人のスポーツ………… 1
　1.　ユニバーサルホッケーの誕生と特徴　*1*
　　1）　ユニバーサルホッケーの誕生　*1*
　　2）　ユニバーサルホッケーの特徴　*2*
　2.　ユニバーサルホッケーの施設と用具　*3*
　　1）　施設　*3*
　　2）　用具　*4*
　3.　ユニバーサルホッケーの進め方　*6*
　　1）　ゲームやトーナメント　*6*
　　2）　幼少児童の場合　*7*
　　3）　学校教材としての事例　*8*
　　4）　中・高校生の場合　*10*
　　5）　一般成人の場合　*11*

6) 高齢者の場合 **12**

7) 養護学校や障害者の場合 **13**

8) 指導者 **13**

第**2**章　ユニバーサルホッケーの基本技術……………………15

1. スティックの持ち方とスタンス **15**
2. ボールを保持する技術 **15**
3. ボールをパスする技術 **16**
4. ボールを受けたり止めたりする技術 **17**
   1) スティックでのストップ **17**
   2) 手の平でのストップ **18**
   3) からだでのストップ **18**
   4) 足でのストップ **18**
   5) トラップ **18**
5. ボールをゴールポストにシュートする技術 **18**
   1) ペナルティーストロークのシュート **18**
   2) プレー中のシュート **19**

第**3**章　ユニバーサルホッケーの練習法……………………21

1. ボールコントロールとフットワーク **21**
2. 基本技術の練習法 **22**
   1) 1人で行う練習 **22**
   2) 2人で行う練習 **22**
   3) 3人で行う練習 **23**

4）数人で行う練習 **23**
　　　5）ガードを置いての攻防の練習 **30**
　　3．フォーメーションの練習 **34**
　　4．ゲームの開始と終了 **35**
　　　1）フェイスオフ **36**
　　　2）フリーストローク **36**
　　　3）アウトオブバウンズ **37**

第**4**章　ユニバーサルホッケーの簡易ルール……………39
　　1．簡易に行うゲームのルール **39**
　　2．ルールのバリエーション **40**
　　　1）4部門のトーナメント **40**
　　　2）バリエーション **41**
　　　3）変更やアレンジの事例 **42**

第**5**章　日本ユニバーサルホッケー連盟の公式ルール……45
　　第1条　競　　　技 **45**
　　第2条　コ　ー　ト **45**
　　第3条　用　　　具 **46**
　　第4条　チーム編成、競技時間及び勝敗 **47**
　　第5条　キャプテンの役割 **48**
　　第6条　競技の開始 **48**
　　第7条　得点の判定 **48**
　　第8条　競技中断と開始 **49**

第9条　メンバーチェンジ **49**
第10条　認められる行為 **50**
第11条　用語の解説 **50**
第12条　違反行為（反則）と罰則 **52**
第13条　審判員 **55**
第14条　記録・計時 **56**
第15条　審判法 **56**
第16条　審判員の行動 **67**
第17条　ルールのバリエーションと工夫 **68**

付録・ユニバーサルホッケー用語集……………………………71

あとがき……………………………………………………………77

ユニバーサルホッケー掲載の関連図書……………………………79

日本ユニバーサルホッケー連盟関連事項…………………………80

序　文

万人の楽しめるスポーツとは

1. **ユニバーサルホッケーは子供の健全育成を目指します。**

　ユニバーサルホッケーの指導者は、子供の健全育成を目指し、お友達と仲良く日常生活の礼儀や作法を教えています。人への挨拶、練習場の入退場の礼、履物のつま先を外にして揃えるなど、また試合や競技の挨拶と握手、終了のハイタッチ等これらは男女混成のスポーツで率先して行われています。

2. **体力差、年齢差に関係なく家族と共にユニバーサルホッケーを楽しんでいます。**

　ユニバーサルホッケーの指導者は、老若男女、体力や年齢差に関係なく家族も参加して楽しめる指導を行っています。各地の協会やクラブでは、子供から高齢者まで参加して子供のクリスマス大会やシニアの大会、近隣市町村のチームを招待してのオープン大会など行っています。

3. **国で奨励している総合型地域スポーツクラブで採用が進んでいます。**

　総合型地域スポーツクラブの健康体操やエクササイズと共に、運動の素材としてユニバーサルホッケーの採用が進んで

年齢に関係なくゲームを楽しむ

います。ユニバーサルホッケーは、走る・止まる・ターンするなど多くの運動要素を伴い、脚腰を強くすることやギブアンドテイクのチームワークで得点を競う達成感で人気があります。

4. 国の施策でもある中高年齢層の健康対策として効果があります。

ユニバーサルホッケーは、軽いプラスティックのスティックとボールを用いた軽スポーツで、ボールを追うことによる動態視力の向上やパスアンドランによる全身運動でフレイル（Frail、体力低下・身体機能の衰え）対策に大いに貢献できます。しかし、高齢者層ではフレイルを心得た指導者が必要

です。フレイルとは、平均年齢と健康年齢の間の日本の男性で9年、女性で13年の健康に向かうか介護になるのかの分かれの年齢で、生活改善が行われると健康寿命に向かっていける、人生にとって重要な時期である。

アメリカでは既に学会も結成されて対策が動いている。日本でも学会を設立して活動を開始した。その活動は、食の改善や運動の奨励である。この対策の一環としても運動やエクササイズの後に、軽スポーツとしてのユニバーサルホッケーは有効な運動として期待される。

5. ユニバーサルホッケーの指導者づくりには、日本連盟から講師を派遣します。

ユニバーサルホッケーの指導者養成には、日本ユニバーサルホッケー連盟から講師を派遣します。必要な場合は日本連盟に連絡してください。

第 1 章
ユニバーサルホッケーは万人のスポーツ

1. ユニバーサルホッケーの誕生と特徴

1) ユニバーサルホッケーの誕生

　ユニバーサルホッケーは、ユニバーサル（Universal）と（Hockey）をつないだ用語で、老若男女が親しく参加できるスポーツとして考案された。筆者は当時、西ドイツに留学してマインツ大学でドイツ語のユニホッキーというニュースポーツを体験して1977年に帰国した。このスポーツは、小部屋で少人数のプレーヤーがプラスティック製のスティックで、軽い空洞のボールをパスしながら相手ゴールにシュートして得点を競うゲームである。スティックには、長さや形、シャフトにも幾つかの種類があった。

　この手軽なニュースポーツを日本で普及すべく、日本製の用具を開発したのが1985年である。用具は、1986年より発売

広場グリーンでの親子混合ゲーム

されている。

2) ユニバーサルホッケーの特徴

このスポーツの特徴をあげると、スティックとボールが手軽なプラスティック製であること、プレー技術が容易で参加者の誰でもが、スティックを持てば簡単なルールですぐにゲームをたのしむことができること。また、男女混成のメンバー構成を基本としていること。ルールにも柔軟性をおき、簡単なゲームから公式競技まで幅広いプレー展開が可能なこと。更に安全を優先した市民スポーツであることなどである。

第 1 章　ユニバーサルホッケーは万人のスポーツ

2. ユニバーサルホッケーの施設と用具

1) 施　設

（コート）

　このスポーツは、多くは体育館で行われる。平坦なところであれば屋外やグリーン上でも可能である。コートの大きさは日本連盟のルールに示されているが、プレーヤーの年齢や体力に応じて変更できる。小学校の体育館程度のコートがあれば十分である。

（フェンス）

　コートを仕切るフェンスは、市販のベニヤ板の利用が簡便である。ベニヤ板17枚を3枚に裁断すれば51枚の、高さ30

体育館の中に作ったコートとフェンス

ゴールポスト　　　　ゴールポストの前に敷かれたゴールシート

cm のフェンス板ができる。これをブックエンドで挟むと公式のコートが出来あがる。

（ゴールポスト）

　ゴールポストは、幅 100 cm、高さ 90 cm、奥行き上部 20 cm、下部 50 cm の支持金具かビニールパイプを組み立てる。太さは 2 cm 程度でよい。ネットをかければ完成する。

（ゴールシート）

　ゴールエリアは、ラインテープで仕切られるが半径 150 cm の半円型のゴールシートを利用することも行われている。

2）用　具

（スティック）

　スティックはオレンジとグリーンの 2 種類で太さ 2.5 cm の長さ 100 cm。先にボールをヒットする板の部分であるブレードがついている。重さは長さ 90 cm で 300 g と軽い。身

第 1 章　ユニバーサルホッケーは万人のスポーツ

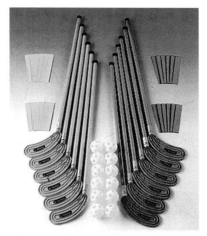

左から：グリーンブレードガード、グリーンスティック、ボール、オレンジスティック、オレンジブレードガード

長に合わせて裁断して自由に長さを調節できる。
　ブレードにはブレードガードを装着する。

スティックの長さと重さ

	長さ(cm)	重さ(g)
1	100	300
2	90	280
3	80	260
4	70	240
5	50	200

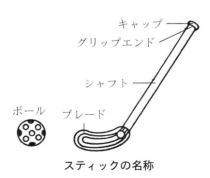

スティックの名称

（ボール）

　ボールは直径 7.5 cm の空洞で18個の穴のあいたイエローボール。重さ 25 g。

3. ユニバーサルホッケーの進め方

1）ゲームやトーナメント

　ユニバーサルホッケーは、あらかじめ定められたコート内で各 6 人のプレーヤーからなる 2 チームによって、スティックのブレードを用いてボールを相手ゴールにシュートして得点を競う。

　ボールは認められたプレーの範囲内であればどの方向に打つのも自由で、フライングボールを上げたり、ドリブルやパスによって相手ゴールに近づき素早くシュートする。

　2 チームの攻防では、6 人の連携プレーが要求され、ポジション取りやフォーメーションプレーが展開される。

　ゲームとして楽しむ場合は、年齢、性別にとらわれず男女混成、親子チーム、更にハンディキャップのメンバーなど多様なチームが編成できる。子供や女性には 2 点を与えるのもゲームを盛りあげる。

　トーナメントとしての大会や競技会では、日本ユニバーサルホッケー連盟のルールに基づいて行われる。連盟の公式大会では、小学生低学年混成の部、高学年混成の部、一般混成

第 1 章　ユニバーサルホッケーは万人のスポーツ

の部、シニア混成の部の4部門でトーナメントが行われている。

2)　幼少児童の場合

　ユニバーサルホッケーは、保育所、幼稚園、児童館などの子供のスポーツとして導入できる。それは、このスポーツが子供の発育や発達に適当な発達刺激が期待できるからである。その特徴をあげてみよう。

　　イ）　スティックやボールが軽く、運動能力や体力と関係なくプレーできる。

　　ロ）　ボールにスピードが加わるため、多くの運動量も期

ユニバーサルホッケーを楽しむ幼少児童

待できる。

ハ）　メンバーチェンジによって運動量も調整できる。

ニ）　運動としての動きに多様性と意外性があり、巧緻性の発達に役立つ。

ホ）　チームとして行うので、社会性の発達を助ける。

3）　学校教材としての事例

ユニバーサルホッケーは、『新版図説 中学校体育（新学習指導要領準拠）』（大日本図書）や『ニュースポーツ百科　新訂版』（大修館書店）などに掲載され、学校の教材としても採用されている。

イ）　幼稚園　子供文化センターなど

このスポーツは、前述したように脚を開いてスタンスをとり、「走りターンをしストップ」から「逆方向へ走るなど」で、からだのバランスや平衡感覚が得られる。

ゲームの時間は、5分程度と少ないが、無意識の活動量は豊富で子供の持久力、筋力、敏捷性、そしてスティックワークの巧緻性、心肺機能の強化など多くの発育発達効果が期待される。

こればかりでなく子供チームでも、チームワークが生まれ子供同志で互いのポジション取りや、攻防の合図などが自然に行われシュートの成功失敗などで、喜怒哀楽の応援・支援の交流や社会化が進む。

このような発育発達への図り知れない魅力のあるスポーツ

第 **1** 章　ユニバーサルホッケーは万人のスポーツ

である。

　また、大会や試合になると父兄の応援も凄まじく飛び、子供はゲーム中も父兄や応援者とコミュニケーションをしながらプレーをしているのである。

　子供文化センターの事例の代表は、川崎市子供文化センターといえるが、既に20年のキャリアがある。川崎市には多くの子供文化センターがあって小さなスペースを利用して巧みに指導やゲームが行われ、子供の健全育成に役立っている。

ロ）　小学校

　一部の小学校では、秋から冬の体育の教材としてユニバーサルホッケーを採用して教えているところもある。小学校で

小学校でのユニバーサルホッケー

は、体育館がそのままコートとして利用できるのと遊具を置いてゴールをつくるなど、工夫した簡単で面白い授業が展開されている。

　ハ）　中学校

　ある中学校では、体育の研究授業にユニバーサルホッケーを取り上げ、バスケットボールやバレーボールなどの複数種目実施後、種目への嗜好度や関心度を調査したところユニバーサルホッケーがトップを占めたいという報告もある。

　ニ）　その他

　千葉県レクリェーション協会では、用具の貸し出し業務も行っている。

4)　中・高校生の場合

　中・高校生になると運動能力も高まり、運動による競争や協力、そして体力に応じたエネルギー消費も要求される。最近では、学校教材にも採用され、スピードのあるプレーが展開されている。そこで次の指導を考慮することが求められる。

　　イ）　中・高校生になると走力にもスピードが増すので、対人的な接触や衝突を避けるためのフォーメーションやポジションワークの指導が優先される。

　　ロ）　ルールの理解を徹底し、チームづくりやチームプレーが主導的に展開できるよう導く。

　　ハ）　安全に心がけ、用具を大切に扱うよう指導する。スティックはプラスティック製なので強力に叩きあうと折

れることもあるので注意する。

ニ）　男女差を考慮した指導が求められる。

ホ）　学校では授業の他、クラブ化を図り、生徒の自主的な活動を進めたい。

5）　一般成人の場合

一般成人の場合は、運動の楽しみの機会として捉え、極端な勝利志向を抑え、お互いの交流、出会い、仲間づくりが進むようクラブ化を目指す。

プレーに熱中するあまり走り過ぎの転倒や、相手との身体接触などに注意。

迫力ある一般成人のユニバーサルホッケー

6) 高齢者の場合

　高齢になっても楽しめるのが、このスポーツの特徴でもあるから楽しみ方を考えたチーム編成やクラブづくりが求められる。特に高齢者にはゴールシュートの達成感が与えられることが重要で、シュートチャンスの機会が得られるようポジションチェンジなどで平等のプレーができるよう考える。

　筆者は、二つの高齢者グループに健康運動とエクササイズを指導し、その後に運動の素材としてユニバーサルホッケーのゲームを行っている。

　一つのグループは開始後15年を経過した。男女半々の36名

高齢者にとっても楽しめるユニバーサルホッケー

ばかりのグループだが、ユニバーサルホッケーが楽しくて参加するという。他の一つのグループは隣接市の同じく35名ばかりのグループで、5年を経て同様に健康運動とエクササイズと、それにユニバーサルホッケーを加えて行っているが、共にユニバーサルーホッケーとなるとゲームに真剣に立ち向かう。平均年齢は先のグループは77歳 後のグループは73歳の高齢者で、元気に走り回ってユニバーサルホッケーを楽しんでいる（21世紀クラブ）。

7) 養護学校や障害者の場合

養護学校の生徒や障害者は、運動の機会に恵まれない場合が多いのではないか、このスポーツは、誰しも平等で楽しく生活できるノーマライゼーションをも目指している。

ヨーロッパでは、ハンディキャップの方々がユニバーサルホッケーと類似のスティックスポーツを楽しんでいた。指導には安全に重点を置き、簡単で単純なルールを適用して運動機能の維持や回復を優先し、協同や助け合い活動として利用できる。

8) 指導者

ユニバーサルホッケーは、プレー技術が簡単でプレーやゲームに必要なルールを理解すれば、誰でも容易に指導できる。ライセンスを与える指導者養成の講習会は日本連盟で行われているが、ローカルのゲームやトーナメントではライセンス

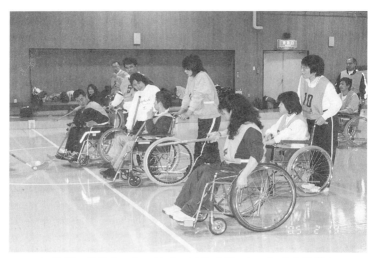

ユニバーサルホッケーはノーマライゼーションをも目指す

を必要としない。しかし、指導の場合は次の要素を求めたい。
イ） 人格的要素
　公平で楽しい雰囲気づくり、民主的態度でメンバーには平等なプレーチャンスを与える。科学的で合理的な考えで、参加者の運動効果を目指す。
ロ） 指導的要素
　ユニバーサルホッケーは、ノーマライゼーションを目指していることを理解して指導には使命感を持ってあたる。

第 2 章
ユニバーサルホッケーの基本技術

1. スティックの持ち方とスタンス

　スティックの持ち方は、シャフトの部分を肩幅程度に開いて両手で持ち、膝を緩めて前後左右にすぐ動けるように安定したスタンスをとる。プレー中は両手を揃えたり片手で持つことは自由である。しかし、プレー中は、スティックのブレードを下にして保持しなければならない。

2. ボールを保持する技術

(キャリング)

　ブレード部分にボールを接して押しすすめ、または運ぶことをキャリングという。キャリングはその殆どは片手持ちが多くなる。

スティックの持ち方とスタンスの良い例

(ドリブル)

　スティックでボールを自由自在に持ち運ぶ。ブレードの両面を使ってボールは転がされて行く。これがドリブルで、続いてパスやシュートに連携していく。

3. ボールをパスする技術

(パス)

　パスは味方にボールを送る技術で、チームプレーでは最も基本となる技術で床上の直線的なストレートパスや、高く空中に上げるフライングパス(エアーパスともいう)、さらに

第 2 章　ユニバーサルホッケーの基本技術

パスの練習

ブレードにボールを接したまま送りだすプッシュパスなどがある。

(ヒッティング)

　ブレードを用いて比較的遠距離にボールを送ったり、得点を上げるためのシュートなど、やや強く打つヒットでストロークという。

4. ボールを受けたり止めたりする技術

(ストッピング)

1) スティックでのストップ

　ブレードの部分でボールを止める。ブレードの面を変化させて止め方を工夫する。

2) 手の平でのストップ

肩より上のボールを手を垂直に上げて当てて落とす。

3) からだでのストップ

静止して正対した状態であれば下肢、腹部、胸でボールを当てて落とすことが許されている。正面以外のボールを腕で止めたり、ヘディングしたりで止めることは反則となる。

4) 足でのストップ

静止した状態の足でボールを止める。インサイドでも止めることが許される。

5) トラップ

ボールが床に着く瞬間にブレードで止める。

5. ボールをゴールポストにシュートする技術

1) ペナルティーストロークのシュート

ペナルティーポイントにセットされたボールを、立った静止の状態で両足を固定し、ゴールポストに向かってシュートする。ゴルフのパターの状態と同様である。

第 2 章　ユニバーサルホッケーの基本技術

ゴールポスト前の攻防

2)　プレー中のシュート

　このシュートは、ゲームプレー中のシュートで、相手の機をみて自由自在に打たれる。ゴールポストの近くでは、混戦やタクティクス（戦術、かけひき）で反則に注意。フライングのシュートでは、手の平でのストップが可能だが動くと反則となる。

第 3 章
ユニバーサルホッケーの練習法

1. ボールコントロールとフットワーク

　ボールをパスする技術や受ける技術、さらにフライングボールやシュートなどでボールコントロールが必要となる。ボールはブレードでプレーされるので、ブレードの向きや床への角度などでコントロールできるのと、ストップやパスも当たるときの強弱でコントロールする。スティックを引きながら受けたり、押してのパス、ヒットのパス等工夫する。

　フットワークはダッシュとターンや方向転換が瞬時に行われるので、転倒や相手との接触などを防ぐバランスのとれた安定したフォーム作りが大切である。

2. 基本技術の練習法

スティックの基本的な持ち方は、利き手でシャフトの中央部を握り、他方の手で上部を握る。脚はバランスが取れるように開く。

1) 1人で行う練習

スティックとボールを持ち、立った姿勢から動きながらのドリブルやキャリングで前後左右に動き、ターンをし、からだの周りのボール回しなど個人プレーに習熟する。

2) 2人で行う練習

受けてボールをダイレクトに打ち返すパスやドリブルやキャリングをしてからのパス。軽いランニングを入れて位置の

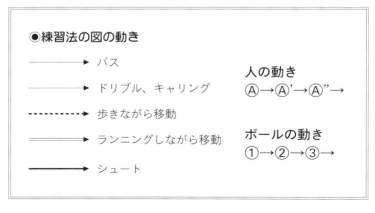

第 **3** 章　ユニバーサルホッケーの練習法

◪ 1人で行う練習方法

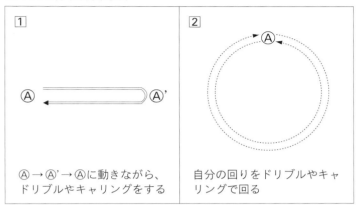

1	2
Ⓐ→Ⓐ'→Ⓐに動きながら、ドリブルやキャリングをする	自分の回りをドリブルやキャリングで回る

交換を行うチェンジパス。ブレードの両面を用いたパスのフォワードブレードパスとバックブレードパスなどの練習。パスアンドランの練習。

3)　3人で行う練習

　3人練習は、トリプルプレーとしてボールや位置の変化、パス方向の変化等複雑なパスワークの練習ができる。トライアングルパスの練習。

4)　数人で行う練習

　三角パスやサークルパスの他、攻防形式のパスワーク。

◆2人で行う練習方法

1

立ったまま、①→②からパス。
②→①を繰り返す。

2

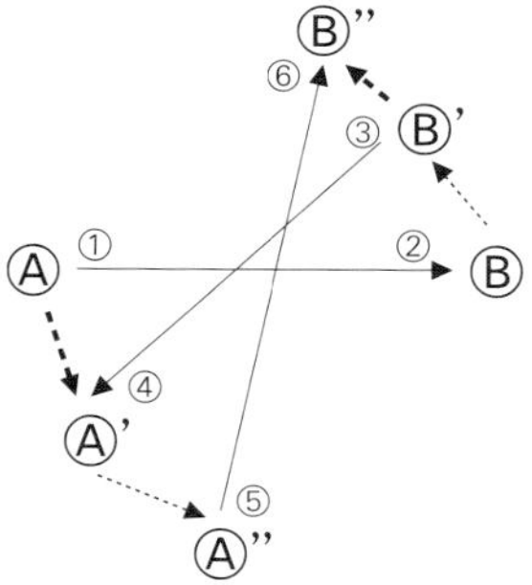

Ⓐは®にパスを出したら、Ⓐ'へ移動する。®はパスを受けたら、ドリブルしながら®'へ移動して、ⒶがⒶ'へ移動したところへパスを出す。

第 3 章 ユニバーサルホッケーの練習法

3

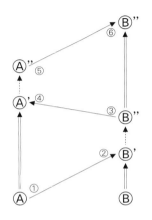

Ⓐは、前に走ったⒷの位置にパスを出したら、ランニングしてⒶ'に移動する。ⒷはⒷ'でパスを受けたら、ドリブルしてⒷ"の位置からⒶがⒶ'へ移動したところへパスを出す。

4

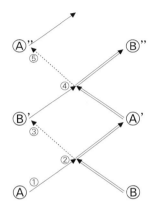

Ⓐは、Ⓑがランニングした位置にパスを出し、その位置からⒶ'に移動する。Ⓑはパスを受けたら、ドリブルしてⒷ'に移動して、パスを出す。

◆3人で行う練習方法

1

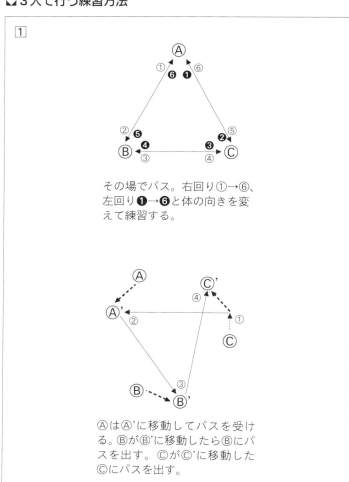

その場でパス。右回り①→⑥、左回り❶→❻と体の向きを変えて練習する。

Ⓐは🅐'に移動してパスを受ける。ⒷがⒷ'に移動したらⒷにパスを出す。ⒸがⒸ'に移動したⒸにパスを出す。

第❸章 ユニバーサルホッケーの練習法

2

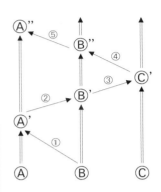

ⒶはⒶ'の位置へランニングしてⒷからのパスを受ける。Ⓑはパスを出したらⒷ'の位置へランニングしてⒶからのパスを受ける。ⒸはⒸ'の位置でⒷからのパスを受ける。

3

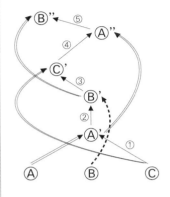

ⒷはⒷ'の位置へ移動して、Ⓐからのパスを待つ。ⒶはⒶ'の位置へランニングしてⒸからのパスを受ける。Ⓒはパスを出したらⒸ'の位置へランニングする。ⒷはⒷ'の位置でパスを受けたら、Ⓒ'の移動したⒸにパスを出す。

◘数人で行う練習方法

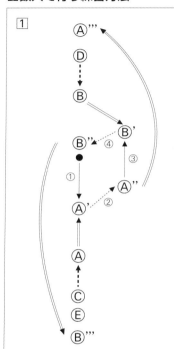

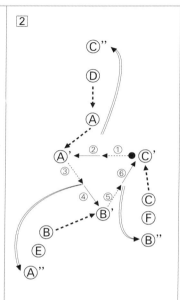

●の位置からのパスを受けるためにⒶはⒶ'に位置に移動する。パスを受けたらドリブルをしてⒶ"に位置からⒷ'の位置に移動したⒷにパスを出す。パスを出したら、並んでいた反対の列に並ぶ。パスを受けたⒷはⒷ'の位置からドリブルでⒷ"の位置に移動して、ランニングしてきたⒸにパスを出したら、ランニングで並んでいた反対の列に並ぶ。

ⒶはⒶ'に位置に移動し、●からのパスを受けたら半分ドリブルをして、ⒷがⒷ'の位置に移動したら、Ⓑにパスを出す。Ⓐはパスを出したら、ランニングでⒷの列に並ぶ。
パスを受けたⒷはⒷ'の位置から半分ドリブルして、ⒸがⒸ'の位置に移動したら、Ⓒにパスを出す。Ⓑはパスを出したら、ランニングでⒸの列に並ぶ。
パスを受けたⒸはⒷ'の位置から半分ドリブルして、ⒹがⒶの位置に移動したら、Ⓓにパスを出す。Ⓒはパスを出したら、ランニングでⒶの列に並ぶ。

第❸章 ユニバーサルホッケーの練習法

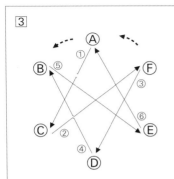

6人でのサークルパス。立った状態で、①から⑥の順でパスを回す。慣れてきたら、全員で少しずつ右に動き、回転する。

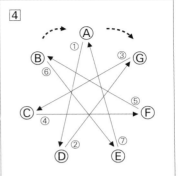

7人でのサークルパス。立った状態で、①から⑦の順でパスを回す。慣れてきたら、全員で少しずつ左に動き、回転する。

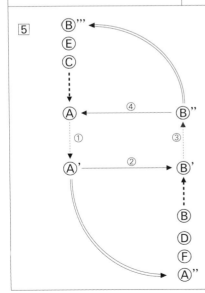

Ⓐは、ドリブルでⒶ'の位置に移動し、ⒷがⒷ'の位置に移動したらパスを出す。パスを出したら、Ⓑの並んでいた最後にランニングで移動して並ぶ。
Ⓑは、Ⓑ'の位置からⒷ"の位置へドリブルで移動し、ⒸがⒶの位置に移動したらパスを出す。パスを出したら、Ⓒの並んでいた最後にランニングで移動して並ぶ。

5) ガードを置いての攻防の練習

　ボール保持の相手をガードする場合は、相手の前で防ぐことができる。ボール保持の攻撃は防御側を避けて進む。この場合はフェイントモーションプレーの練習が効果を発揮する。

◪ガード（守備）をおいて行うパスワークの練習方法

1　1対1の場合	2　2対1の場合
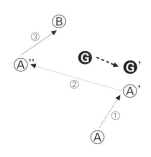	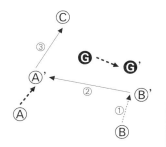
Ⓐからドリブルで Ⓐ'へ移動し、ガードを Ⓖ'の位置に引き寄せたら、Ⓐ'の位置でターンをして Ⓐ"の位置に移動して Ⓑにパスを出す。	Ⓑは、ドリブルをして Ⓑ'へ移動し、ガードを Ⓖ'の位置に引き寄せたら、Ⓐ'の位置に移動した Ⓐにパスを出し、Ⓐは素早く Ⓒにパスを出す。

第❸章 ユニバーサルホッケーの練習法

防御側が相手の突進を阻止する場合は、進路を防ぐ優先権がある。

　ここにあげた基本技術の練習法は、基本であって単純な方法から次第に複雑な方法へと技術や経験の度合いに応じて攻防の体型を組み立てる。

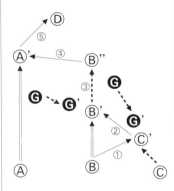

③　3対2の場合

ⒸはⒸ'へ移動し、Ⓑからのパスを受け、❻'の位置にガードがきたら、Ⓑ'に移動したⒷにパスを出す。Ⓑはドリブルで Ⓑ"進んでガードをかわし、Ⓐ'の位置に移動したⒶにパスを出し、Ⓐは素早くⒹにパスを出す。

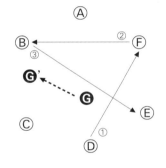

④　ガードおいたパスワーク

ⒹからⒻにパスを出し、ⒻからⒷにパスを出す。そのときⒷは❻'の位置にガードがきたら、Ⓒのパスより安全なⒺへパスを出す。

◘ガード（守備）をおいてのシュートの練習方法

1 1対1のシュート練習

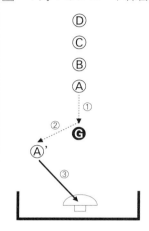

Ⓐは、ドリブルをしてⒼの前にきたらガードをかわし、Ⓐ'の位置からシュート。

2 2対1のシュート練習

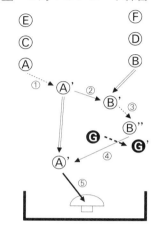

Ⓐは、ドリブルをしてⒶ'の位置からⒷ'へ移動したⒷへパス。ⒷはガードをⒼ'の位置に引き寄せるためⒷ"へドリブルで移動して、Ⓐが Ⓐ"の位置に移動したところでパスを出す。パスを受けたⒶはシュートする。

3 壁パスを利用したシュート練習

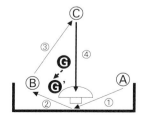

Ⓐは、ガードがⒼ'の位置に引き寄せるように、壁にボールをあててⒷへパスをする。
Ⓑは、ガードがⒼの位置に戻る前に素早くⒸにパスを出し、パスを受けたⒸはフリーでシュートする。

第❸章　ユニバーサルホッケーの練習法

4　2対1のシュート練習

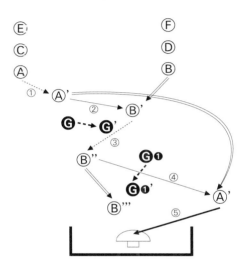

Ⓐは、ドリブルをしてⒶ'の位置からⒷ'へ移動したⒷへパス。Ⓑはガードを抜いてⒷ"へドリブルで移動する。そのあいだにⒶは、Ⓐ'の位置にランニングして、Ⓑ"からのパスを受ける。Ⓐがフリーになるように⑥はⒷ'''にランニングして❶'を引き付け、シュートコースを作る。

3. フォーメーションの練習

　フォーメーションとは、攻撃や防御の体型を組むことで別名システムとも呼ばれる。これは、チームのメンバーがお互いに連携して一方が動けば他方が動くというようにメンバーが有機的に協力しあい、補い合ってゲームを有利に展開できるよう考えることである。

（W型とM型フォーメーション）

　ユニバーサルホッケーの正規ゲームは、6人の男女混成のチームで行われる。フォワードとバックのポジションに分かれるが、W型はフォワード3人、M型は2人フォワードの体

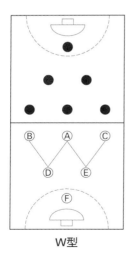

W型

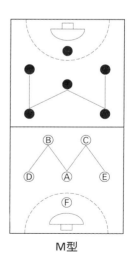

M型

第❸章　ユニバーサルホッケーの練習法

制となる。攻め中心のフォーメーションと守り中心のフォーメーションと攻防で分かれる。プレーヤーの能力や技術力でもポジション取りは分かれる。

4.　ゲームの開始と終了

　相対する両チームはセンターラインを挟んで、ラインから1m下がってスティックを揃えて置き、指導者や審判は試合の名称やチーム名などをコールし、注意事項などを告げ、「礼」の合図で両チームが互いに礼を交わし握手してからスティックを持つ。

試合開始と終了の体型

フェイスオフ

1) フェイスオフ

フェイスオフは、センターラインの中央にセットされたボールを取り合うことで、向かい合った2人のプレーヤーがスティックのブレードを床につけ、審判のホイッスルで試合が開始される。

2) フリーストローク

審判はプレー中、反則があった場合、直ぐにホイッスルを吹いてゲームを止める。反則の起こった位置から3m以内にボールをセットして相手のフリーストロークでプレーを開始

第❸章　ユニバーサルホッケーの練習法

フリーストローク

する。

3) アウトオブバウンズ

　ボールがコートの外に出たときには審判はホイッスルを吹きゲームを止め、出た位置からコート内3mの範囲内にボールをセットして合図による相手側のフリーストロークで開始する。

第4章 ユニバーサルホッケーの簡易ルール

1. 簡易に行うゲームのルール

　ユニバーサルホッケーは、万人の参加できるゲームであって、また誰でもが指導審判のできるスポーツとして考案されている。公式の大会や競技では、日本ユニバーサルホッケー連盟のルールが適用されるが、簡易に行うゲームの場合は、参加者やプレーヤーに合うゲームの展開が可能である。

（コート）

　フェンスを作らず、シューティングラインも設けずにペナルティーの反則なしの場合には全て反則はフリーストロークのみで行う。

　ゴールポストは、簡易に作られたものでもゲームの楽しさ、面白さは失われない。

（ルール）

　ルールでは、危険や粗暴なスティック操作をしないよう、

ハイスティック、チャージング、スライディングストロークなどの相手との接触や勢いあまって転んだり滑ったりしない指導を試みる。

2. ルールのバリエーション

1) 4部門のトーナメント

　日本ユニバーサルホッケー連盟の競技規則によって行われる大会の部門は、4部門に分かれて行われている。
　○小学生低学年混成の部
　○小学生高学年混成の部
　○一般混成の部
　○シニア混成の部

海外メンバーも参加して行われる試合

第4章 ユニバーサルホッケーの簡易ルール

整 列

握 手

試合終了時のハイタッチ

　一般的には、この4部門のトーナメントが行われているが、クリスマス大会やオープン大会などでは、子供の大会、一般の大会等種々の大会が開催されている。

2）バリエーション

　幼児から高齢者まで、誰でも楽しめるスポーツという趣旨から、ローカル的にその状況や環境に合ったルールの変更や

フライングボールを手の平に当てて止める

工夫をすることができる。

3) 変更やアレンジの事例

イ) チームのメンバー編成

　チームは男女混成の3人ずつの6人の正規メンバーで競技は行われるが、交代要員として6人まで加えることができる。コートの大きさにもよるが、3人以上であれば十分ゲームは楽しめる。

ロ) 競技時間

　競技時間は、コート数、参加チーム数、試合数によって異なるが、5分ハーフから7分ハーフといった競技時間も自由

第4章　ユニバーサルホッケーの簡易ルール

に決める。日本連盟では参加50チームを1日で終わらせるために5分ハーフで行っている。試合の前半後半のサイドチェンジを行わず1回ゲームとすることでも十分楽しめる。

ハ）　競技終了後同点の場合

数分の延長戦とする。延長の最初のゴール時点で終了とする。6人ずつ全員のペナルティーストローク戦を行う。引き分けとし、最終の勝ち点、得失点、総得点の総合で決めるなどが考えられている。

ニ）　指導、審判員のシグナル

指導やゲームのレフェリー役のシグナルは、日本連盟の審判のシグナルによって行う。

ホ）　反則のアレンジ

初歩のゲームでは、厳密に規則通りに反則をとると、ゲームが中断ばかりで興味をそぐので、柔軟に判定することが求められる。しかし、怪我や安全を損なわれると思われるハイスティックやチャージング、クラッシングなどは躊躇なく反則をとる。

ヘ）　ペナルティー

幼児や初心者の場合、ストロークの距離を5mにする。
ステップインの罰則をフリーストロークとする。

ト）　ルールの緩和

ハイスティックやチャージングは危険なため厳しく反則をとるが、その他の危険でない反則は取らずにプレーを続行させ、競技の楽しさに配慮する。

第 5 章
日本ユニバーサルホッケー連盟
【公式ルール】

第1条　競　　技

- ユニバーサルホッケー（Universal hockey）の競技は、1チーム6名からなる2チームが相手のゴールに、スティックを使ってボールをシュートして得点を競うことと相手チームに得点されないように、防御することによって展開されるプレーを総称する。
- プレー中は、ルールに規定されるところに従う限り、ボールをどんな方向にでもパスし、ドリブルし、ヒットすることができる。

第2条　コ　ー　ト

- コートは、障害物のない長方形の床面とし、大きさは、次の図の通りとする。

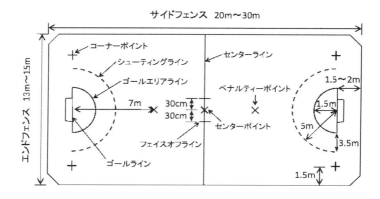

- フェンスは、コートを構成するもので、床上に高さ18～30cmが望ましい。

第3条　用　具

1. スティック

- スティックは連盟の認定品スティックを使用し、同色のブレードガードを付け床面の保護に努める（販売時シャフト1m）。
- シャフトにグリップテープ等を巻き付ける事は認めるが、シャフトの約2/3を越えてはいけない。また、ブレードにはブレードガード以外の加工は認めない。
- シャフトを短く切断し加工することは認めるが、長く加工することは認めない。

第5章　日本ユニバーサルホッケー連盟【公式ルール】

2. ボール
- ボールは運盟の認定品ボールを使用する（直径 7.5 cm・重さ 25 g）。

3. ゴールポスト
- ゴールポストは幅 100 cm×高さ 90 cm×奥行上部 20 cm・奥行下部 50 cm の支持金具とネットにより構成される。

4. ゴールシート
- ゴールシートは、ゴールエリアの寸法に合ったシートを用いることができる。

第4条　　チーム編成、競技時間及び勝敗

- チームの編成は、女性が 3 名以上からなる男女混成 6 名とし、1 チームに、監督、キャプテンを置き、交代要員を 6 名まで置く事とする（兼任可）。
- 各チームは、番号付きで互いに識別できる色のユニフォームを着用する。
- 競技時間は、前半、後半それぞれ 7 分とし、ハーフタイムに 2 分の休憩を基本とし、ベンチ及びコートチェンジを行う。
- チーム編成、競技時間は各大会規定により変更が認められる。
- 勝敗は競技終了時に得点の多いチームを勝者とし、同点の場合は各大会規定により決定する（PS戦・延長戦・抽選等）。

第5条　　キャプテンの役割

- キャプテンは試合開始前に選手のオーダーを提出する。
- キャプテンは必要に応じ審判員より競技規則の確認をし、注意事項を選手に伝達する。
- キャプテンはチームの統率を図り円滑な試合進行に協力する。
- キャプテンは延長戦・PS戦の自陣選定のためトスをする。

第6条　　競技の開始

- 各チームの選手は自陣内に入り陣形を組み、センターポイントからフェイスオフを行い、競技を開始する（前半開始・後半開始・得点後の競技再開）。

第7条　　得点の判定

- 得点はボールが完全にゴールラインを通過した時を得点とする。
- 守備側の身体の一部またはスティックに触れてのオウンゴールは得点とする。
- 攻撃側のゴールはブレードでの操作でのみ認められる。

第 **5** 章　日本ユニバーサルホッケー連盟【公式ルール】

第8条　　競技中断と開始

- ボールがゴールポスト上部に乗る等、偶発的に競技が続行出来ないときは、その地点より3m以内もしくはコーナーポイントからフェイスオフまたはフリーストロークで競技を再開する。
- ボールがフェンスを越えてアウトした場合は、フェンスを越えた地点から内側1.5mもしくはコーナーポイントから、相手にフリーストロークが与えられる。
- スティックがボールに集中する等で、3秒以上膠着状態におちいった時は審判員の判断でその地点から3m以内の地点からフェイスオフで競技を再開する。
- 攻撃側のゴールが成功すると判断されながら、守備側に故意による悪質な反則があった場合、ペナルティーストロークを与える。偶発的な反則に対してはフリーストロークが与えられる。

第9条　　メンバーチェンジ

- 競技を中断することなくメンバーチェンジが出来る。
- メンバーチェンジは自陣ベンチ前でのみ行うことが出来る。
- メンバーチェンジの回数に制限は設けない。また、複数の選手が同時に交代することも認められる。

- オーダードオフの選手に代わる選手はサイドが替わるまで出場が認められない。

第10条　認められる行為

- 肩より上のボールを静止した状態で手のひらに当て、正面にボールを落とすこと。
- 静止した状態で頭、顔、腕以外の体の各部位を使いボールを止めること。
- 身体的接触を伴わず相手をブロックすること。
- フリーストロークにおいてゴールエリアの前に立つことは、守備側に優先権が認められる。

第11条　用語の解説

1. **フェイスオフ**
- 自陣ゴールを背にし、ボールからブレードを30cm以上離した状態で審判員の合図でボールを取り合う事。

2. **フリーストローク**
- 反則、またはボールがアウトした時に、審判員がセットした位置から、審判員の合図で再開されるストロークを言い、以下の制限がある。
   ① フリーストロークは、ヒットしなければならない。
   ② フリーストロークからのドリブルは認められない。

第 5 章　日本ユニバーサルホッケー連盟【公式ルール】

③　審判員の合図より3秒以内でヒットしなければならない。
④　助走は認めない。
⑤　空振りはヒットミスとみなし、相手側フリーストロークとなる。
⑥　フリーストロークはフェンス、ゴールポスト、審判員に当たったボールおいて、続けて触れることは認められない。
⑦　相手側の選手はボールから3.5m以上離れなければならない。
⑧　シューティングエリア内でのフリーストロークは、守備側の反則の場合はシューティングラインからのフリーストローク、攻撃側の反則の場合はその地点から3m以内の地点からフリーストロークを与える。

3．ペナルティーストローク

・第12条の重い反則を犯したとき、相手側に与えられる。
①　相手側の選手1人がペナルティーポイントからゴールに向かい、1度だけシュートすることができる。
②　シュートする選手以外の選手はセンターラインより後ろに位置する。
③　シュートが不成功の場合は守備側のコーナーポイントから守備側のフリーストロークにより競技を再開する。

4．オーダードオフ（退場）

①　重い反則を犯したときに適用される。

② 始めはイエローカードを示し警告し、再度重い反則があった場合、また故意による粗暴な行為にはレッドカードを示し退場が命ぜられる。

③ 退場処分を受けた選手はその試合以降の試合に参加出来ない。また、その処遇についてはチーム代表者と大会実行委員会で協議する。

第12条　　違反行為（反則）と罰則

1. キッキング ザ ボール→フリーストローク

足でボールをキックすること。静止状態では適用されない。または、足でボールを踏むこと。

2. ハイ スティック→フリーストローク

ボールを操作するとき、スティックのブレードが膝より上に上がること。

3. スライディング→フリーストローク

手や膝を床に付いてプレーをすること。また、ユニフォームも体の一部分として適用する。

4. スローイング ザ スティック→フリーストローク・ペナルティーストローク・オーダードオフ

スティックを落としたりすること。故意に投げたり放したりすること。

第5章　日本ユニバーサルホッケー連盟【公式ルール】

5. ハッキング ザ ボール→フリーストローク・ペナルティーストローク・オーダードオフ

ライングボールを頭、顔、腕で止めたり、手で操作したりすること。肩より下のボールを手で止めること。攻撃側が手や身体を使いゴールエリアにボールを落とすこと。

6. ジャンプ→フリーストローク

危険とみなされるジャンプに適用。

7. ダブル ストローク→フリーストローク

フリーストローク、ペナルティーストロークにおいて、ヒットした選手が続けてボールを操作した場合に適用する。

8. クラッシング→フリーストローク

相手チームのスティックや体を故意に打ったり、おさえたり、持ち上げること。

9. ステップ イン→フリーストローク・ペナルティーストローク

ゴールエリアの中に体の一部を入れたままボールを操作した時、またはゴールエリアの中に体の一部が入った時に適用する。

攻撃側にはフリーストローク、守備側にはペナルティーストロークが適用される。

10. チャージング→フリーストローク・ペナルティーストローク・オーダードオフ

身体的接触を規制する。故意による粗暴な行為にはペナルティーストローク、またはオーダードオフが適用される。

11. スティック イン ザ ゴール→フリーストローク・ペナルティーストローク

ゴールの中にスティックを入れること。

攻撃側にはフリーストローク、守備側にはペナルティーストロークが適用される。

12. プッシング ザ ゴール→フリーストローク・ペナルティーストローク

ゴールを故意に動かすこと。

攻撃側にはフリーストローク、守備側にはペナルティーストロークが適用される。

13. オーバー ザ エリア→フリーストローク・ペナルティーストローク

ゴールエリアを斜めに飛び越えること、またはゴールを飛び越えること。

攻撃側にはフリーストローク、守備側にはペナルティーストロークが適用される。

14. ファウル スティック→フリーストローク

スティックを持つ手を、膝より下げて守ること。

故意にシャフト部分でボールを操作すること。

15. フッキング→フリーストローク・ペナルティーストローク・オーダードオフ

相手の股の間にスティックを入れること、または相手を引っ掛けること。

第 5 章　日本ユニバーサルホッケー連盟【公式ルール】

16. オーバー タイム→フリーストローク

フリーストローク、ペナルティーストロークの時に審判員の合図から3秒以内にプレーを開始しないこと。

17. オブストラクション→フリーストローク・ペナルティーストローク・オーダードオフ

故意による粗暴な行為、審判員に対する暴言に対して、審判員の判断で試合を中断し、警告及び罰則を与える。

ゴールポストを掴んでのプレーや、フェンスの外から、もしくはまたいでプレーする等、反則名の無い反則、危険とみなされる行為に適用される。

18. アドバンテージ

反則を適用することにより、反則したチームが有利になるような状況の時には、アドバンテージを適用し、その反則をジャッジしない。ワンストロークで可否を判定する。

第13条　審　判　員

---

1. 審判員は、連盟公認の審判服を着用する。
2. 審判員は、主審と副審の2名とする。
3. 審判員は、選手の違反行為を監視し、安全を守り、競技を円滑に進行させる。
4. 審判員は、得点が正確になされたどうか判定する。
5. 審判員は、フリーストロークの位置を修正することができる。

6. 審判員は、チーム及び選手からの抗議を受け付けない。

第14条　記録・計時

1. 競技には、記録員を置き、審判員、記録員、計時員、得点等を記録し報告する。
2. 競技には、計時員を置き、開始、中止、再開、休憩時間、終了時間を記録する。
3. 計時員は、審判員より独立して、競技終了をブザー、旗等で合図する。

第15条　審　判　法

① 主審と副審の役割

1. 主審・副審はその競技に責任を持ち、判定を正確に行い、選手が競技を円滑に行えるようにしなければならない。
2. 主審は競技の開始の合図をする。それ以外は副審も合図することができる。
3. 審判員は予備ボールを1つ持ち、競技を円滑に進行できるよう努める。
4. 競技の再開の合図は、ボールに近い審判員が行う。
5. 審判員はコートの左右を分担し、重点的に審判するように努める。

第5章　日本ユニバーサルホッケー連盟【公式ルール】

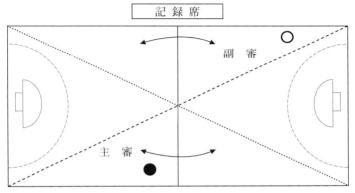

審判は交互に移動しながら、守備範囲を交代する。

6. 審判員は直ぐに合図できるように備えておく事。
7. 審判員は質問に対しは速やかに対処し、競技を必要以上に中断しないよう努める。
8. 審判員は休憩時間や競技終了後、反省を含めた話し合いをし、研究と技術向上に努める。

② 競技の開始、中断及び終了のシグナル

1. 競技の開始、中断、再開、終了は全て審判員の合図で行われる。
2. ゴールの成功はピーと長く1回の合図をする。
3. 競技終了はピッピッピーと3回目を長く合図をする。
4. ゴールと競技終了以外はピッと1回の合図をする。
5. 危険なプレーやゴールやフェンスの破損等で競技の中断が必要な場合は、計時員に中断を伝え、速やかに対処

し必要以上に競技を中断させないこと。

③ **競技の進行**
1. 審判員は集合の合図を行い、センターラインから1ｍさげてスティックを床に置いた状態で整列させる。
2. 両チーム名を挙げ、注意事項があれば注意を与える。
3. 主審の「礼」の合図で挨拶と握手をさせ、スティックを持たせる。
4. 選手の人数を確認し、記録員、計時員に準備完了の確認をし、右手を上げ開始の合図をする。
5. ゴールの成功は合図とともに手を上げ記録員に得点の成功を伝える。
6. 競技の中断は合図とともに両手で「T」の文字を作り計時員に時計を停止させる。
7. 競技の終了は合図とともに両手を頭の上でクロスする。

④ **違反行為（反則）と罰則の判定**
1. スティックを担いで走る、振り回す等の行為はハイスティックの拡大解釈とし、ハイスティックを適用する。但し、プレーへの関与がなく危険でない場合は除く。
2. スティックでのボール操作ができる部位はブレードのみであり、シャフトを使ってのボール操作はファウルスティックが適用される。
3. スライディングは一連の動作として解釈し、打つ前から終わりまでも適用の範囲とする。したがって、膝やユニフォームをついての守備は反則とする。

第 **5** 章　日本ユニバーサルホッケー連盟【公式ルール】

4. 競技の終了と同時の反則には1ストロークを認め、それによるゴールは有効とする。
5. 試合中選手の人数に不正があった場合はオブストラクションとしフリーストローク・ペナルティストロークを与えることができる。但し不正に気付かずにゴールされた得点は有効とする。
6. 競技の開始、再開の合図の前に打った場合はやり直しとし、再度あった場合は相手側のフリーストロークとする。
7. 審判員にボールが当たった場合、競技は続行とする。審判員はフェンスと同じとして判断する。

⑤ **審判のシグナル　―　競技進行**

1. 競技開始・再開
　　　→　右手を上げ合図とともに下げる。
2. ゴールの成功
　　　→　合図とともに右手を上げ手のひらを握る。
3. 競技の停止
　　　→　合図とともに両手で「T」の文字を作る。
4. フェイスオフ
　　　→　両手親指を立てて示す。
5. フリーストローク
　　　→　攻撃方向を手で示す。
6. セーフ
　　　→　両手を伸ばし左右に広げる。

レフリーのシグナル──競技進行

①競技の開始・再開

右手を挙げ、笛の合図とともに下げる

②ゴールの成功

笛の合図とともに、右手を挙げ手のひらを握る

③競技の停止

笛の合図とともに両手で「T」の文字をつくる

④フェイスオフ

両手親指を立てて示す

第 **5** 章　日本ユニバーサルホッケー連盟【公式ルール】

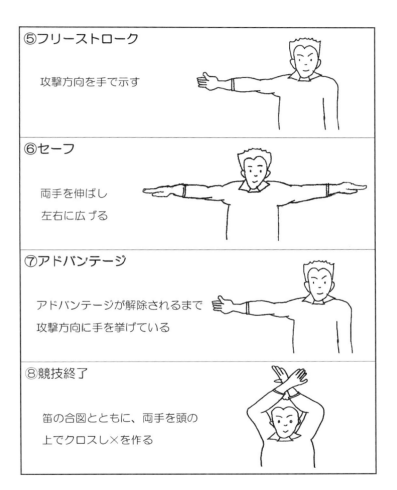

⑤フリーストローク

攻撃方向を手で示す

⑥セーフ

両手を伸ばし
左右に広げる

⑦アドバンテージ

アドバンテージが解除されるまで
攻撃方向に手を挙げている

⑧競技終了

笛の合図とともに、両手を頭の
上でクロスし×を作る

7. アドバンテージ
　　→　アドバンテージが解除されるまで攻撃方向に手を上げている。
8. 競技終了
　　→　合図とともに両手を頭の上でクロスする。

⑥　審判のシグナル　―　違反行為

1. キッキング ザ ボール
　　→　片足でける動作をする。
2. ハイスティック
　　→　右手人差し指を伸ばし、下から斜め上方に振り上げる。
3. スライディング
　　→　腰の高さで右手を開き、平らに左右に振る。
4. スローイング ザ スティック
　　→　腰の高さで右手人差し指を伸ばし、横に振る。
5. ハッキング ザ ボール
　　→　腕を上げ、手を開き、手首を曲げて前に倒す。
6. ジャンプ
　　→　手のひらを水平にして、上にあげる。
7. ダブルストローク
　　→　指を2本立てる。
8. クラッシング
　　→　人差し指を交差させる。

第5章 日本ユニバーサルホッケー連盟【公式ルール】

9. ステップ イン
   - → 足を床に上下し、踏みつける。
10. チャージング
    - → 開いた左手に、右手のこぶしを数回打ち付ける。
11. スティック イン ゴール
    - → 手を前に下ろし、左右に振る。
12. プッシング ザ ゴール
    - → 腰の高さで右手のこぶしを右に振り、前に押し出す。
13. オーバー ザ エリア
    - → 肩の高さで手の平で弧を描く。
14. ファウルスティック
    - → 腰の高さで両手を握り、左を下右手は上を向け上下する。
15. フッキング
    - → こぶしを重ね、引き寄せる。
16. オーバータイム
    - → 右手を上げ、人差し指を回転させる。
17. オブストラクション
    - → 体の前で右腕を曲げ、肘を横に突き出す。

レフリーのシグナル──競技進行

①キッキング

片足でける動作をする

②ハイスティック

右手人差し指を伸ばし下から
斜め上方に振り上げる

③スライディング

腰の高さで右手を開き、平らに
左右に振る

④スローイング

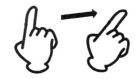

腰の高さで右手人差し指を伸ばし
横に振る

⑤ハッキング

腕を挙げ、手を開き、手首を曲げて
前に倒す

⑥ジャンプ

手のひらを水平にして、上に上げる

第 5 章　日本ユニバーサルホッケー連盟【公式ルール】

⑦ダブルストローク	⑧クラッシング
指を2本立てる	人差し指を交差させる
⑨ステップ　イン	⑩チャージング
足を床に上下に踏みつける	開いた左手に、右手のこぶしを数回打ちつける
⑪スティック　イン　ゴール	⑫プッシング　ザ　ゴール
手を前に下し、左右に振る	腰の高さで右手のこぶしを右に振り前に押し出す

⑬オーバー ザ エリア	⑭ファウルスティツク
肩の高さで手の平で弧を描く	腰の高さで両手を握り、左手を下に右手は上を向けて上下する
⑮フッキング	⑯オーバータイム
こぶしを重ねて、引き寄せる	右手を挙げ、人差し指を回転させる
⑰オブストラクション	
体の前で右腕を曲げ、肘を横に突き出す	

第 5 章　日本ユニバーサルホッケー連盟【公式ルール】

第16条　　審判員の行動

1. **競技開始**
   ① 記録席に向かって右側がオレンジスティックのチームになるよう整列させる。
   ② スティック、服装に違反がないかチェックをする。
   ③ 礼の後、人数に違反がないかチェックをする。
   ④ ボールをセットし開始の準備完了を確認し競技を開始する。

2. **競技進行**
   ① 基本的にコートの左右を分担し重点的に見る。
   ② ボールをセットした審判員は再開の合図をする。
   ③ 主審と副審は平行移動しない。1人は中央付近、1人はゴール付近に移動して審判する。
   ④ アウトしたボールは選手が取り、その間に審判員は予備のボールをセットして待つ。

3. **ペナルティーストローク**
   ① 主審はゴールラインの延長上に立ち、開始、得点、終了の合図をする。
   ② 副審はボールをセットし選手に違反がないかを見る。

4. **競技終了**
   ① 選手を整列させ、競技の結果をコールする。
   ② 選手全員が交叉し、ハイタッチをし、健闘をたたえ合

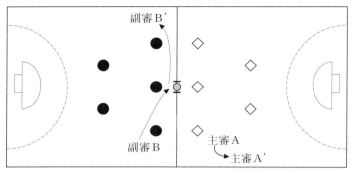

競技開始前
　審判ＡＢはチームの挨拶・握手が終わると主審ＡはＡ'の位置に下がり、副審Ｂはセンターにボールをセットして対面の副審Ｂ'の位置に移る。

う。
③　記録席で対戦カードをチェックしサインする。
④　競技を振り返り研究、技術向上に努める。

第17条　　ルールのバリエーションと工夫

- ユニバーサルホッケーのルールに関する事項は前述の通りであるが、幼児から高齢者まで、誰でも楽しめるスポーツという趣旨から、ローカル的にその状況や環境に合ったルールの変更や工夫をすることができる。

第5章　日本ユニバーサルホッケー連盟【公式ルール】

◆変更、工夫の事例

1. 競技時間
・サイドを交換せず1本の時間とする。
・その大会の参加チーム数、コート数、試合数によって変更する。

2. 競技終了後同点の場合
・何分かの延長を与える。
・ペナルティーストローク戦を行う。
・引き分けとし、勝点、得失点、総得点で決める。

3. チーム編成
・幼児や低学年は男女の制限をしない。
・男女の比率を変更した大会にする。
・1チームを5人制にする。

4. ペナルティー
・幼児や初心者が多い場合は距離を5mにする。
・ステップインの罰則をフリーストロークにする。

5. ルールの緩和
・ハイスティックやチャージングは危険な為厳しくてよいが、その他の危険でない反則については、注意をし、反則を取らずに続行させ、競技の楽しさを提供する。

付　録
ユニバーサルホッケー用語集

ユニバーサルスポーツ　universal sport……全体の、万人の、誰でもに当てはまるスポーツ。

ユニバーサルホッケー　universal hockey……万人の室内ホッケー（室外でも行える）。

ユニバーサルホッケーの用具・施設

ユニバンディー　unibandy……オレンジとグリーンのプラスティック製スティック。

プラスティックボール　plastic ball……イエローの18個の穴のあいた空洞のボール。

シャフト　shaft……スティックの支柱の部分。

ブレード　blade……スティックの先にある板の部分で、両面を使ってボールを操作する。

ブレードガード　blade guard……ブレードに貼って、床面を保護するテープ。

フェンス　fence……コートの囲い。サイドフェンスとエンドフェンスにわかれる。

コート　court……正規なコートではエンドフェンスが10〜15 m、サイドフェンスが20〜30 m。

ゴールライン　goal line……フェンスと平行なゴールの3 mライン。

ゴールエリアライン　goal area line……ゴールライン中央から半径1.5 mの長さで書かれた半円型のライン。

ゴールエリア　goal area……ゴールラインとゴールエリアラインで仕切られたエリア。

シューティングライン　shooting line……ゴールラインの中央から4.5 mの半径で描かれた点線のライン。

ペナルティーポイント　penalty point……ゴールラインの中央からコートに向かって7 mの位置のポイント。

センターライン　center line……コートの中央でコートを二分するライン。

ゴールポスト　goal post……高さ89 cm、幅105 cmのスチールパイプにネットを張ったゴール。

フロントコート　front coat……相手側のコート。

バックコート　back coat……味方側のコート。

プレー

キャリング　carrying……ブレードにボールを接して運ぶこと。

ドリブリング　dribbling……ブレードでボールを打ちながら運ぶこと。

プッシング　pushing……ブレードをボールに接したままのパスやシュート。

パッシング　passing……味方同士でボールを渡し合うこと。

ヒッティング　hitting……ボールを目標に向かって打つこと。

付録：ユニバーサルホッケー用語集

ストッピング　stopping……ボールを止めること。ハンドストッピング、ボディーストッピング、足のインサイドのストッピングがある。

トラッピング　trapping……わなにかけることで、ボールを有利に展開すること。

スタンス　stance……ボールを操作するときの構え。

スティックワーク　stick work……スティックを使ってのボール操作と動き。

フットワーク　foot work……ボール操作のための移動。

ボールコントロール　ball control……ボール操作。最も良い条件にボールを保持すること。

ダイレクトパス　direct pass……パスを受けてそのままノンストップでパスすること。

ストレートパス　straight pass……直線のパス。

トライアングルパス　triangle pass……三角形型のパス。

リターンパス　return pass……パスしたボールを再度、直接受けること。

壁パス　fence pass……フェンスや壁にボールを打ちつけて相手に送るパス。

パスコース　pass course……味方同士で安全にパスできるコース。

チェンジパス　change pass……互いに縦や横に交代して行うパス。

ウォーミングアップ　warming up……準備運動。

フライングボール　flying ball……空中に飛ばしたボール。

クッションボール　cushion ball……フェンスその他にあてて はずみをつけて送るボール。

タクティクス　tactics……作戦、戦術、かけひき。
ガード　guard……守備。見張り。
バリエーション　variation……変化。変形。
シューティング　shooting……ゴールポストに向かってボールを打ち込むこと。
シュートチャンス　shoot chance……シュートの可能なタイミング。
ラフプレー　rough play……荒い乱暴なプレー。
フォーメーション　formation……攻撃や守備のプレーヤーの配置。システムともいう。
ポジション　position……プレーヤーの位置や配置のシステム。

ルール・反則

簡易ルール……子供や高齢者、障害者までが簡易にできるルール。
競技ルール……試合用のルール（トーナメントルール）。
フェイスオフ　face off……床上に置かれたボールを両チーム各1人のプレーヤーが、スティックを用いて取り合うこと。
フリーストローク　free stroke……反則やコートからボールが外に出た場合など、相手チームのプレーヤー1人によって行われるストローク。
ペナルティーストローク　penalty stroke……反則を犯したチームの相手側のプレーヤー1人がゴールラインより7mの地点（ペナルティーポイント）よりゴールに向かってシュートすること。
インゴール　in goal……シュートされたボールがゴールポストに入って得点となること。
タイムアップ　time up……試合時間の終了。

付録:ユニバーサルホッケー用語集

ハーフタイム　half time……試合中の前半と後半の間の休憩時間。

3mルール　three meters rule……フリーストロークの際にボールのセットを3mの範囲内に移動できること、およびフリーストロークをするプレーヤー以外の相手プレーヤーが3.5m以上離れること。

キッキング ザ ボール　kicking the ball……ボールを足で蹴ること。

ハイスティック　high stick……スティックのブレードを膝より上に上げること。

スライディングストローク　sliding stroke……寝そべったり、膝をついたりしてボールをパスすること。

スローイングスティック　throwing stick……スティックを投げること。

ハッキング ザ ボール　hacking the ball……フライングボールを手の平にあてて落とすとき、手が動いたり、手や体でボールをゴールエリアに落とすこと。

ダブルストローク　double stroke……フリーストロークの時、同じプレーヤーが続けて2度ボールに触れること。

クラッシング　crashing……相手のスティックや体を故意に打ったり、抑えたりすること。

ステップ イン オフェンス　step in offence……攻撃側が相手のゴールエリアに足などを踏み入れること。

ステップ イン ディフェンス　step in defense……防御側が足などを味方のゴールエリアに入れたり、そのままボールを操作すること。

チャージング　charging……相手プレーヤーを押しのけたり、つまずかせたり、タックルなどすること。

スティック イン ゴール　stick in goal……ゴールポストの中にスティックを入れること。

プッシング ザ ゴール　pushing the goal……ゴールポストを故意に動かすこと。

オーバー ザ ゴール　over the goal……ゴールポストを飛びこえること。

ファウルスティック　foul stick……スティックを水平に保持してプレーすること。

オブストラクション　obstruction……激しい妨害をすること。

メンバーチェンジ　member change……プレーヤーの交代。

アドバンテージ　advantage……有利か不利かを判定する。

オーダードオフ　ordered off……退場命令。

審判

レフリー　referee……審判員。

ジャッジ　judge……判定。判断すること。

シグナル　signal……信号、ホイッスルの合図。

ジェスチャー　gesture……身ぶり、手ぶりの合図。

タイムアップ　time up……試合時間の終了。

ハーフタイム　half time……試合中の前半と後半の間の休憩時間。

オフェンス　offence……攻撃。

ディフェンス　defense……守備。

あとがき

　筆者はユニバーサルホッケーの普及に北は北海道から、南は沖縄まで全国に指導に回っていた。昭和50年代から60年代には、全国12の都道府県に協会組織が生まれて10000人規模の会員を要するまでに発展した。しかし、発足30年を経た今日では、少子化に加え高齢化が進み現在では、半数規模となっている。子供の頃にこのニュースポーツを楽しんだ子供も今は、指導者として活躍している地域も多い。最近では、中高年齢者の愛好者も増えている。

　私は、このスポーツが万人に適するスポーツとして開発したので、当時少ない高齢者参加のスポーツ環境に一石を投じる意味で、15年前に高齢者スポーツクラブを立ち上げた。集まった20人ばかりの会員の平均年齢は60歳代で比較的元気な人々であった。やがて30人規模のクラブとして定着して15年を経た。平均年齢は77歳を超え、80歳以上のメンバーも10%に及ぶ。皆さんスーパー心臓が形成されたのか、全員元気にユニバーサルホッケーを楽しんでいる。ボールをパスしドリブルしてゴールにシュートして走り回る元気な姿は70歳から80歳の人々とは思えない驚きである。

　確かにユニバーサルホッケーは脳から筋肉、関節の柔軟性を養うばかりでなく健康体力の維持に役立っている。

　高齢者の運動クラブを結成するには指導者の専門性が必要

だ。21世紀クラブには術後の人、前病状態、医師の勧め、一人暮らし、リハビリのため等、十人十色の人の集まりである。指導者は、この個人へのアプローチが必要だ。この高齢者や未発達の子供へのアプローチは使命感や専門性がなければならない。指導者の資質が求められる。日本ユニバーサルホッケー連盟ではこの要望に応えるべく指導審判部を設けている。

　必要な場合は、日本連盟本部に連絡を願いたい。

ユニバーサルホッケー掲載の関連図書

『ザ・テレビジョン』角川書店（1989年発行）

『レクリエーションガイドブック3　インドアスポーツベスト7』財団法人レクリエーション協会（1990年発行）

『ニュースポーツ事典』遊戯社（1991年発行）

『保健体育教室2号』大修館書店（1994年発行）

『スポーツ少年2号』財団法人日本体育協会（1994年発行）

『スポーツ百科』大修館書店（1995年発行）

『6年の学習1号』大修館書店（1995年発行）

『中学校体育（新指導要領準拠　新版図説）』大日本図書（1999年発行）

『フロアボール　斉藤定雄・監訳』不昧堂出版（1998年発行）

『月刊ぐるっと千葉』チバマガジン（2001年発行）

新聞掲載

　毎日グラフ　リレハンメル冬季五輪ハイライト（1994年）

　読売新聞（1986年3月19日）

　報知新聞（1986年4月19日）

　スポーツニッポン（1993年10月3日）

日本ユニバーサルホッケー連盟関連事項

事務局及び用具販売先
　〒267-0066　千葉市緑区あすみが丘 7 － 9 －15
　山田　武史
　連絡先：080-8263-0504

日本ユニバーサルホッケー連盟
　ホームページ http://www.juhf.jp

◆著者紹介

斉 藤 定 雄（さいとう　さだお）

1927年	埼玉県秩父郡皆野町に生まれる
1950年	東京高等師範学校体育科卒業
1954年	東京教育大学体育学部体育科卒業
1960年	東洋大学大学院社会学研究科修士課程終了（都市社会学専攻）
1973年	順天堂大学教授
1976～1977年	ドイツ・マインツ大学留学
1993年	順天堂大学名誉教授
現　在	川崎市指定管理者選定評価委員会委員
	日本ユニバーサルホッケー連盟・名誉会長
	千葉県レクリエーション協会・副会長
叙　　勲	瑞宝小綬章受章（2009年4月29日）

主な著書

『レクリエーション』（共著、世界書院）

『体育の心理』（共著、錦正社）

『健康管理とその科学的基盤』（有隣堂出版）

『社会体育指導ハンドブック』（共著、ブレスギムナスチカ）

『生活機会の社会学』（共著、芦書房）

『現代社会とスポーツ』（共著、不昧堂出版）

『スポーツ社会学講義』（共著、大修館書店）

『ユニホック』（共著、芦書房）

『フロアーボール』（共著、不昧堂出版）

『国際フロアーボール規則集』（日本ユニバーサルホッケー協会）

ユニバーサルホッケー
― 万人が楽しめる男女混成のスポーツ ―

2018年1月28日　初版発行　　定価（**本体 1,200 円＋税**）

著　者	斉　藤　定　雄
発行者	宮　脇　陽一郎
発行所	**株式会社 不昧堂出版**
	〒112-0012
	東京都文京区大塚2丁目14番9号
	電話 03-3946-2345　FAX03-3947-0110
	Email:fumaido@tkd.att.ne.jp
印刷製本	**株式会社 トープラ**

 2018 S. Saito　　　　ISBN978-4-8293-0511-9